팔삭 블루스

팔삭 블루스

최원칠 시집

한그루

自序

어느 유명시인이 자신의 존재감을 "이 빌어먹을 시인의 가난, 이 얼어 죽을 시인의 사치"라며 자탄自歎하였는데 무명시인의 처지에서 "이 염병 맞을 메아리 없는 도로徒勞, 이 지랄 맞을 하수구 같은 자위自慰"를 계속해도 되는가 하는 회의에 빠지게 된다.
냉정한 시 평론가는 하루에도 수백 권씩 쏟아져 나오는 무명시인의 퀄러티? 낮은 시편들을 향해 "아무렇게나 싸질러 놓은 악취 나는 감정의 배출구"라고 악평했다.

스포츠에도 프로와 아마추어가 있고 엘리트 체육과 생활 체육이 있듯 저변의 토양과 열기 속에서 수준 높은 경기력이 나오지 않는가?

작년 시월 스톡홀름에서 날아든 한강 작가의 노벨 문학상 수상 소식은 전율 그 자체였고 금년 발표 100

주년이 된 소월의 진달래꽃은 국민 암송시다. 그것은 다이내믹 K-문화, 뜨겁게 타오르는 K-문학의 에너지에서 비롯된 것이다.

모두는 저마다의 리그에서 열심히 뛰면 그뿐이다.

인생은 몇 번이고 꽃필 수 있다는 희망과 천 번을 부서져도 바다는 여전히 바다라는 위안을 삼아 정직한 야만의 시대에 우아한 위선의 시를 계속 쓰고자 한다.

이 팔삭 블루스를 못나고 소외된 등외 인생들께 바친다.

해방 80년 열대야 대흘에서

차
례

1부	12	260번 버스
난바르	14	남방큰돌고래
물길 따라	16	동백동산
	18	비양도
	20	삼다수 숲길
	22	오줌폭탄
	24	종말처리장
	26	흰 당나귀
	28	함덕 일박
	29	쇠백로

2부	32	가을 음악회
블루스,	34	길
바람에 실어	36	누화^{淚花}
	38	뒷것
	40	무정블루스
	42	어둠

	44	씨 앤 블루
	46	바이닐 블루스
	48	청산도
	50	팔삭 블루스

3부	54	박꽃
절화切花로	56	꽃 마중
피어나리	58	산민들레
	60	치자꽃
	62	진달래꽃
	64	삐비꽃
	66	꽃 바보
	68	동백꽃
	70	절화切花
	72	꽃댕강

4부	74	주먹손
패인 가슴	76	각覺
흰 그림자	78	러브버그
	81	세상에
	82	분향焚香 incensare
	84	곡哭
	86	숨
	88	오래된 기억
	90	절명絶命
	92	풀

5부	96	누명陋名
주이상스,	98	당근예찬
그 너머	100	빗방울
	102	수繡
	104	숲의 정령
	106	안부

108 외계外界

110 제비

112 통영

114 회심灰心

6부

생이여에

나가 앉아

118 곡비哭婢

120 바다새

122 빗소리

124 자수刺繡

126 연인

127 정井

128 청별

130 죽竹

132 청운青雲

134 춤

해설 138 한통속이 된 시인과 사물의 진술

  – 양전형(시인)

1부

난바르 물길 따라

260번 버스

한순간에 뱉어낸 땅
수많은 생명 깃들고
알토란 같은 식솔 알뜰히 키워 낸 후

이제 다시 자궁으로
돌아가는 길
260번 버스는 달린다

초낭가름 지나 새가름, 참나무 지나 띠풀 마을
도뚜리 마을엔 검은 똥돼지
적당히 높아 선흘, 점봉여관에서 쉬었다 갈까
언뜻 들으면 섬뜩한 틀라목
너른 들판 지나니 지끄물,
그 끝을 잡고 멍 때릴까, 멍중내
그러다 큰일 난다 멧돼지 몰려와 밟히면 어쩔라고
서둘러 웃가름으로 피신했더니 알송당이 우뚝

다시 농굴왓 나타나고 앞테역 잔디, 바람에 누우니
평대리 바다

그곳은 어머니 또 그 어머니의 물숨
납덩이 달고 지옥 가는 길
밥이 되고 술이 되고 책이 되고
테왁에 담긴 세월의 무게

남방큰돌고래

이 세상에서 가장 슬픈 일은 사랑하는 이에게
이별을 말하는 것이라지만
이 세상에서 가장 가슴 아픈 일은 사랑하는 아이를
다시 볼 수 없는 먼 곳으로 보내야 하는 일입니다
대정 무릉리 해안
남방큰돌고래 무리 속에
한 어미 돌고래가 맨 앞에서 긴 주둥이로
몸이 축 늘어진 채 죽어 있는 새끼 돌고래를 연신
수면 위로 들어 올리며 유영하는 것이었습니다
여러 마리의 돌고래가 뒤따르며
마치 장례 의식을 치르는 것처럼 숙연하였습니다
뛰어난 수영 실력을 갖춘 돌고래지만
몸에서 떨어지면 다시 주둥이에 태워
자꾸만 바닷속으로 가라앉는 새끼를
수없이 들어 올리는 역영은 사투와 같았습니다
새끼 몸이 썩어 문드러져

더 이상 업고 다니지 못할 때까지
지느러미에 끼고 한 달을 함께 지내다
깊은 바다 밑으로 수장하게 될 것이었습니다
1년을 몸속에서 키워 세상에 내놓았으나
포유도 못한 채 죽어 바닷속에 가라앉게 될 생명,
어미는 무어라 애도할까
인간이 감지하기 어려운 주파 영역이라 알 도리는 없지만
인간의 청각 밖에서 찢어질 듯 뱉어내는 어미의 울음을
새끼는 알아들을지 모를 일입니다
이 세상에서 가장 가슴 아픈 일은
사랑하는 이를 먼저 보내야 하는 것입니다

동백동산*

그 해도 동백은 피었을까

동백나무 때죽나무 생달나무 당나무 피나무
저마다 하늘 향해 솟구친 동백동산 숲

키다리 동백은 삼사월이 돼서야
높다란 나무 끝에
듬성듬성 성긴 꽃을 몇 방울 틔운다

자세히 봐야 식별되는
검은 숲 붉은 꽃

예비검속을 피해 숨어 들었던
불안하고 충혈된 양민의 눈빛이 저랬을까
매복한 무장대의 눈빛이 저토록 붉었을까
내놓고 피질 못하고 숲 그늘에 상기된 얼굴을 감춘다

무차별 검거와 토벌, 소개령

그저 가는 목숨의 은닉
지슬 몇 조각
중산간 매서운 추위 어찌 견뎠을까
까닭 없이 산으로 쫓긴 생명

곶자왈 숯가마 잉걸불처럼 이글거리던 분노
오름마다 타올랐던 봉화는 꺼졌지만
숲 바람 한 무더기 우---우 몰려간다

＊제주시 조천읍 선흘리에 위치한 선흘 곶자왈.

비양도

서쪽 바다 저만치 홀로 떠 있는 섬

성깔 맞은 테우리 돌팔매였나

눈빛 선한 계집아이 떨구고 간 공깃돌이었나

더 멀지도 더 가깝지도 않게

보내지 않았는데 눈치 준 적도 없는데

딱 그만큼 나가 앉아 새침하게 눈 배웅하네

위태롭게 절벽에 걸린

시린 달빛의 흐느낌을 들었나

수평선 벌겋게 물들며 사그라지던 눈물을 보았나

펄랑못 난간에 앉아

아무리 기다려도 오지 않을

그리움마저 팽개치고

몸속 깔대기로 묻고 묻었다가

비양봉 내려오는 길목에

연꽃처럼 환하게 피어나실까

삼다수 숲길

에비앙레뱅보다 더 청정하다는
삼다수 숲길을 걷습니다
조릿대 서걱거리는 소리가
수백 미터 지하 암반을 흐르는 물소리와 겹칩니다
삼나무숲을 사열했던 바람은
흰 꽃 붓순나무 곁에 이르자 잠시 걸음을 멈춥니다
정결한 산목련을 만나려면
흩어진 매무새를 다듬어야 합니다

계곡을 따라 걷는 이 길은
사농바치 가쁜 숨 넘는 길입니다
어디선가 농밀한 더덕향 밀려옵니다
여기저기 산수국 얼굴을 내밉니다
녹색 머리에 흰 머리핀 꽂은 산딸나무 손짓하고
작은 꽃종 매단 때죽나무도 반깁니다

동행하던 바람은 천미천 계곡 따라 내려가고
줄곧 귓등에서 잉잉대며 따라오던 쇠파리 한 마리
뒤돌아보니 정작 종적도 없습니다

넉넉한 서어나무 등걸에 기대어
육신을 달래고 때 묻은 영혼 씻어냅니다

아랫녘 목장에서 들려오는
테우리 말 모는 소리를 듣습니다
여아 어려령 어헝 어려 어렷 어허두리 얼렷

오줌폭탄*

함덕 골목 접어들면

아이들 웃음소리

깨꽃처럼 터져 나옵니다

고사리손 집어넣어

다독다독 지어놓은 두꺼비 모래집

스멀스멀 다가오는 밀물에 허물어져도

숨방귀 자파리 소똥구리 아이들

소영이 짱이 산굴뚝나비 찾아

무궁화꽃이 피었습니다 무궁화꽃이 피었습니다

발보다 신발이 먼저 들어와

자운영 꽃밭에 앉아 동시를 읽으면

별꽃 피어나고 몽당귀신 빗자루 타고 내려옵니다

작은 풀꽃 날리며 뛰어다니는 아이들
비눗방울 통통통 보리피리 뿌우 뿌우
꽃보다 예쁩니다 별보다 맑습니다

키 둘러쓴 오줌싸개들
그곳에 가면 그곳에 갈 때면
쉬이 쉬 나도 몰래 오줌이 마렵습니다

＊바람난장 대표, 동시/동화작가 겸 시인인 김정희 님이 운영하는 아동 독립서점(책방).

종말처리장

처음 생명이 태어나고
아낌없이 퍼내 줘 뭇 목숨 키워 냈으나
이제는 오물받이, 종말처리장

어머니 몸이 그랬을 것이다
눈물 아닌 삶이 있었을까
모든 고통의 종착지
평생 홀로 삭이다 소각되니
한바탕 한풀이 춤이었을까

아직도 늦지 않았기를
숙주가 죽으면 기대 사는 목숨도 끝인 것을
무작정 버려지는 가장 낮은 곳
저지레 저지레*

뭍의 곡성哭聲을 바다는 안다

갯내는 바다가 받아 준 모든 것의 썩은 냄새다
파도 소리는 그 가슴이 아파서 우는 소리다
흰 거품만 토해내는 바다

거친 파도는
터질 듯 내뱉는 마지막 몸부림이다
상처 입고 절은 몸
검은 바위에 부서진다

* 일이나 물건에 문제가 생기게 만들어 그르치는 일.

흰 당나귀

구좌에 가면 흰 당나귀가 살고 있습니다

가난한 사람들이 바람벽에 기대어
얇은 가슴 서로 얹고 소리도 없이 부대낄 때
흰 당나귀는 하얀 포말처럼 울어댑니다

세상에 져서 가난하게 사는 게 아니라
가난하게 사는 게 세상을 이기는 거라 굳게 믿는
이 시대 마지막 순수

그가 데리고 사는 흰 당나귀는 바다에 삽니다

눈이 푹푹 내리든
누군가 밤새 소주를 마시든
나타샤가 오든 말든*

방울 소리 쩔렁거리며 먼 땅을 떠나 와
이제 남국에 머뭅니다
함께 꿈꾸는 세상은 아직 멀고 멉니다

문학을 입고 먹고 살았으나
어느 한 순간도 한몸일 수 없었던 아픈 시간

꿈꾸는 당나귀는 바람벽에 흰 당나귀가 되어
평생을 꺼억꺼억 울어댈 것입니다

＊백석 시인 「나와 나타샤와 흰 당나귀」의 패러디.

함덕 일박

예쁘게 밀려왔다가

조용히 부서졌으면 좋았겠습니다

함덕 바다는 밤새 울었습니다

밤이 깊어 갈수록 흐느껴 울었습니다

억장 무너지게 한없이 울었습니다

받을 대로 받은 목소리는

영 다시 들을 수 없는

무성의 곡哭이 되어

생이여 젖은 자리에 누웠습니다

쇠백로

시인은 꿈결에

시를 베고 잠들고

쇠백로 한 마리

자신에 묶여

우두커니 홀로 서 있네

2부

블루스, 바람에 실어

가을 음악회

동네 어귀
마트 핫딜처럼
현수막 하나 내걸렸는데
저 홀로 가을 음악을 연주하고 있었다

하늘은 높고 바람은 낮았다
업 다운과 피치를 반복하며
가을이 펄럭였고
스마트 자판 위엔 벌써
낙엽이 내려앉고 있었다

그 흔한 개회사도 없이
두 시 정각 드럼은 울었고
동네 음악회는 조촐하게
가을을 보내려 하는 것이었다

베이스가 떨고

스네어가 충동하고

탐탐이 재촉했다

드디어 하이헷 페달에 잦은 킥이 얹히더니

연주회는 끝났다

저마다 서늘한 눈빛을 나누며

저물어 가는 발자국 소리를 들었다

길

왕인 박사

주지봉 바라보며 걸었던

남도 백리 황톳길에

왕벚꽃 피고 졌을 때

영산 언둑 갯가

가출한 청춘

무어라 한이 되어

두웅둥 쇠가죽 북을 치며

절창을 꿈꾸었을까

진양조에서 중중머리로 넘어갈 때

한 시절 꺾어버린 추임새도 아득한데

휘몰아친 세월의 뒤안에서

한순간의 위안

덧없는 소리 인생

달은 청천에서 떠오르지 않고
월출에서 뜬다 했으나
그달 언제였던가
당신 가신 그 길 위에
벚꽃만 소리도 없이 지고 있네

누화 涙花

그는
일찍 삶을 버렸다
너무 늦지 않게 원래 자리로 갔다

그는
삶을 버리기 전부터
말을 감추며 살아왔다

말 대신
자신의 소중한 것을 내놓아야 한다는 것을
늘 가슴에 새겼다

말보다
눈물 속에서만 볼 수 있고 눈물만 아는
가장 절실한 선택이었다

불빛은 밝게 타오르고

눈을 감은 채 조용히

그의 이름이 불려지기를 기다렸다

부여잡을 소매조차 없는

오직 그의 음악 속에서만 피어나는

예별의 꽃이 되어

뒷것*

풀잎에 맺힌 이슬 방울

마른 땅에 졌는가

아득한 음성으로

밤 지새우며 희망을 노래하다가

그냥 대수롭지도 않게

휘적휘적 뒷산 넘어 가버리셨나

그래도 산다는 게

참 좋다 좋다 하더만

뒷것들의 뒷것으로 무대를 떠나셨나

그 살점 같은 배움 밭은 누가 일구라고

삽자루 던져버리고 그리 서둘러 가시는가

나 태어나 이 강산에 투사가 되어

기다리고 기다리다

검은 얼굴 흰머리에 푸른 모자 쓰고 가셨는가

무엇을 하였느냐 무엇을 바라느냐

없는 듯 살아가는 늙은이도 버거워

그마저 던져 버리고 홀로 떠난 님아

어느 날 묘지 위에 붉게 붉게 떠오르소

*2024년 작고한 故 김민기를 기억하며.

무정블루스

눈 뜨면
누군가에게 보낼 음악을 찾습니다
하루의 시작입니다
번개처럼 떠오르는 곡이 있는가 하면
한참을 한참을 궁리합니다

받아 줄 음악을 보내는 일보다
행복한 건 없습니다
오늘의 선곡은
이은미 무정블루스입니다
그냥 그렇다는 것입니다
그저 그날의 음악일 뿐입니다

긴 장맛비가 아침까지 이어지고 있습니다
빗속에 뛰어든 작은 새 한 마리

따뜻한 심장을 느끼며

몇 번이고 다시 듣기에 빠집니다

진정을 전하려

온 마음을 가득 싣습니다

웃자란 욕심을 다독이며

오늘도 무정한 블루스는 수취인 불명에게

정확하게 배달될 것입니다

어둠

기타 선율에 실은
솜브라스를 들으며
석양의 동쪽 해안도로를 달립니다

일몰의 시간에도
먼바다에서 일어난 파도는
어둠을 지우려 쉴 새 없이 밀려옵니다

지미오름 끝 그림자
용황포 염습지 갈대 곁에 눕고
쇠백로 한 마리 자신에 묶여

우두커니 서 있습니다

그대 떠나는 등 뒤로

어둠 드리우고

혼자 남겨진다 해도

가느다란 불빛 하나 켤 수 없습니다

오직 저 깊은 곳 떨리는 가슴

검은 눈빛 속에 감춘 채

시원의 먼 바다로 한없이 한없이 달려갑니다

씨 앤 블루*

어찌 이곳까지 오셨습니까?

사계 해안도로
고운 모래가 펼쳐지고
눈앞에서 형제섬이 말갛게 지켜보는 바닷가

씨 앤 블루

바다에 블루가 얹히면 찾는 이 많습니까?
바다 위에 블루를 토핑하면 눈물을 쏟습니까?
구수한 커피 향보다 게리 무어의 하늘이 먼저 웁니다

오래전 "사나이 가슴에 불을 당긴다"
카피라이팅을 두고서 열변을 토하시더니
사계에 커피나무 심으셨다구요?

묵직한 바디감의 안정된 맛
거친 듯 깊고 깊은 중후한 맛
연기가 타는 듯 알싸한 맛
깔끔하면서도 스모키한 맛

시커먼 사계 밤바다처럼 도저히 그 맛 식별하지 못하고
드립 커피잔을 내려놓고 말았습니다

그런데 미스터 씨 앤 블루
지금은 어디로 가셨습니까?

＊사계해안도로에 있었던 카페.

바이닐 블루스

쟈켓에서 조심스레 꺼내
까맣게 윤기 나는 몸을
비로드 브러쉬로 닦아낸다

속싸개 속에서도
켜켜이 내려앉은 묵은 먼지
미세한 햇살 줄기 속에 풀풀 날리고

청음에 굶주린 귓속 솜털
파르르 떨리고 일어설 때
이제 널 느끼고 받아들일 시간

골골이 파인 흔적
후벼 파 긁어대면
아프게 다가오는 녹명鹿鳴의 소리바다

스치지 않는 것은 울지 못하지

스크래치 나는 소릿결 내게로 안겨 와

저문 상처 채우듯 흐르는 저녁안개

청산도

남도 푸른 섬에 가면
사월이 노랗게 승천한다

세마치 장단에 맞춰
만발한 유채꽃이 부대끼며 하늘거리고

한 자락 바람이 완두콩밭을 훑고
청보리 이랑을 넘어간다

소리꾼의 말 없는 눈물처럼
봄비가 가늘게 내리고

다랑이 논길을 걷는 발걸음
제 박자를 잃고 덩실댄다

잡가는 정신마저 뺏고 마는가
문경새재는 웬 고개인고
구부야 구부 구부가 눈물이로구나

아리 아리랑 쓰리 쓰리랑 아라리가 났네
육자배기 돌담길 홀로 넘어가네

팔삭 블루스

모양에서 빠지고
브릭스에서 밀리고
까탈스런 입술에 버림받아
선과장 언저리는 얼씬도 못한 채
여태껏 비상품 설움

그래도 서러워 마시라
뭐든 아는 사람은 알아
알게 된 사람만이 찾게 되는 것
단맛은 짧은 순간
일제히 덮치는 신맛이 목젖을 넘어간 뒤에
오~ 마지막 입안 가득
오묘하고 절묘한 쌉싸름이여!

그래 이 맛

그 맛을 아는 이만이 팔삭*을 아느니라

쌉싸름한 내 사랑 팔삭 블루스

*제주도에서 재배되는 단맛, 신맛, 쌉싸름한 맛의 만감류.

3부

절화切花로 피어나리

박꽃

오래된 시집에서
박꽃의 시간을 견디다가
먼지 속에 일어난 흰 기억

저녁밥 지어야지
보리쌀 씻어야지

밤 실 샘터 가는 길
여름 해 으스름해지면
한 손으로 연신 물동이에서
흘러내리는 물방울을 훔치던 그녀

발길은 고사태를 향했지만
젖은 적삼 자락은 한사코 내 눈길 붙잡아
재촉의 시간에도 언뜻 내준
흰 미소

달빛처럼 피었다가

아침이 되기도 전에

서둘러 시들어 버린

희디 흰 순정

꽃 마중

남평 천지
너를 묻고
절뚝거리며
내려오는 길

아직도
평장 곁에
주저앉아 우는
사람아

영춘화 노란꽃
피다 만 채
우수 얼음되어
울고 있지 않는가

어서 일어나게

먼 길 떠나며

다시 만나자 했지 않았나

소복 입은 변산바람꽃

꽃 마중 가세

산민들레

발원을 떠난 첫물은 쉼 없이 달려와
한순간도 머뭇 없이 목구멍 가득 절규하며
온몸을 투신한다

까닭 모르는 물까마귀 한 마리
연신 깃털에 맺힌 물기를 털어내고
고개를 몇 번 갸웃하더니 폭포수 속으로 곤두박질한다

가장 높은 데서 생겨나 한사코
낮은 곳으로 치닫다 끝내 절벽 아래로
일생을 던지는 낯물의 근본
마른 땅 피로 적셔 뭇 생명 키워낸다

폭포 뒤 절벽 바위틈에 둥지를 틀고
끝없이 낙하하는 물 커튼 사이를 뚫고
생것을 물어다 새끼 입에 게워 내는

헌신을 보며

끌어안고 울어줄 그대 없을지라도
순간이 운명의 시간이다
순간이 절정의 시간이다

절벽 위에 핀 노란 산민들레
솟구쳐 오르는 물안개 속에
말끔한 얼굴로 웃고 서 있다

치자꽃

짙고 달콤한 향기에 이끌려
치자꽃 피는 언덕길 따라 내려갑니다

노제를 지내듯 하얀 치자꽃
상복 입은 여인처럼 피었습니다

천지가 어찔거리며
샤넬 가드니아 향수를 뿌려 놓은 듯 진동합니다

치자꽃 설화는 잿빛 등 뒤에 숨어 버리고
버림받은 여자는 하염없이 산길에 나앉아 울어도*

단박 혼을 뺏는 향기에 취해
상아색 여인의 살결에 빠져
하루를 꽃길에 버렸습니다

치자꽃 시들어 가는 언덕길을 다시 걷습니다

누렇게 변색된 처참한 얼굴

흉측하게 죽어버린 여인을 만나

청승맞은 상주가 되어 울면서 울면서 걸었습니다

*박규리 시인 '치자꽃 설화' 패러디.

진달래꽃*

소월은
고작 스무 살에 진달래꽃을 지었다
핀 진달래꽃을
가는 길에 즈려밟도록 뿌리고는
죽어도 아니 눈물 흘렸다

고독과 불면 속에서
금잔디를 틔웠고 함박눈을 쏟아부었다
먼 후일을 기약하며
개여울에 나가 앉아
하염없이 누구를 기다렸다

견디기 힘든 관절염으로
심신이 바스라질 때
소산에 뜬 달을 바라보며

스스로 어찌 생겨났는지 묻다가

소월이 된 천재 시인

발표 당시 미미한 반응이었지만

100번을 피고 나서야

이제는 국민 암송시 진달래꽃

요절한 소월은 천년을 살겠네

* 발표 100주년을 맞은 소월의 「진달래꽃」을 소환하며.

삐비꽃

눈 감으면 떠오르는 삐비꽃 피는 고향
대보름 쥐불놀이에도 끄떡없이 살아나
나지막한 언덕길에 뾰쪽뾰쪽 고개 내민
오동통한 삐비 꽃심 노란 민들레와 다투고
잎보다 먼저 나온 삐비 삐비 꽃이삭들

봄날 허기진 아이들 첫 번째 간식거리
중간에 끊길세라 참새 가슴 고사리손
뽑힐 때 삐비 소리 삐리 삐리 삐리 삐리
논두렁 밭두렁 버들냇가 뚝방길에도
양지바른 곳이면 천지 사방 삐비 삐비

연한 겉잎 벗겨내면 엄마 가슴 하얀 속살
한입 잘근 씹어보면 달짝지근 솜사탕
아이들이 삐비였고 삐비꽃이 아이들이던

오월이면 고향 강둑 삐비꽃 하늘하늘

하얗게 삐비꽃 되어 찾아갈까 고향 산천

삐비꽃 지기 전에 삐비꽃 지기 전에

꽃 바보

꽃 바보가 있습니다
정확히는 꽃 전사가 맞습니다
허구한 날 꽃밭에 엎드려 지냅니다
해 없는 새벽부터 밤에는 머리 전등을 켜고
꽃을 가꿉니다
꽃이 자는 동안에도 돌봐야 할 일이 있나 봅니다
마른 가을이나 눈 덮인 겨울에는 그저 덤불밭이지만
봄이 오면 하나씩 존재를 알리기 시작하여
여름이 되면 절정에 이릅니다

유채꽃 매화 영춘화 벚꽃 노랑참나리 땅나리 잠참골 무꽃 갯방풍 꿀풀 누드베키아 원추리 엉겅퀴 별수국 초롱꽃 삼백초 섬백리향 아주가 노랑나리 백나리 백합 다알리아 카라 좀비비추 비비추 우단동자꽃 사랑초 금개국 형형색색의 장미 꽃, 그리고 꽃, 꽃.

그냥 꽃들의 밭입니다

마냥 꽃들의 세상입니다

꽃들이 구경 나온 사람을 향해 웃습니다

울타리 치자꽃은 일제히 피어나

극강의 향기를 뿜어내며 아우성입니다

산책로 수국은 개구리알 풍선처럼

커다랗게 몸집을 키우며

향기 없는 무성화의 신세를 한탄합니다

저마다의 색깔로 세상을 물들이고

온갖 향기를 세상에 분향합니다

꽃 바보가 휘적휘적 꽃밭을 걸어가고 있습니다

손 닿는 곳까지 꽃을 심으면

세상은 천국이 된다는 믿음을

꽃 전사의 휜 뒷등에서 읽습니다

동백꽃

동백꽃 피는 사연 아시지요
헤일 수 없이 피어나는 까닭을 아시지요

빛나는 나무 위에 피어나구요
후두둑 투신한
땅 위에 피어나구요
일편단심
붉은 입술 묻어 둔
멍든 가슴속에서 피어납니다

순결한 시인, 무욕의 심장에
가난한 화가, 좁은 화폭에도
목 매게 부르는 무명가수의 노래 속에서도 피어납니다

수도 없이 피어나는
동백꽃 사연을

아무리 무심해도

차마 모를 리야 없겠지요

절화切花

꽃 사러 갔는데 주인은 없고
저온 투명 냉장고 안

목마가렛 애니시다 유리호로스 티파니 핑퐁국화
다알리아 핑크리시안세스 솔리다스터 시클라멘
덴바렛 신비디움 바이올렛 라스국화 안개꽃
거베라 아이리스 백합

묶인 채 갇혀 있어요

겨울비는 내리고 꽃향기 대신
베인 꽃가지
여린 비린내만 가득해요
절명의 시신이 안치된 아름다운 정원

댕강 잘린 몸으로 유혹해요
웃어도 아파요
여린 꽃잎 도려내는 칼날
베인 몸에서 피어나는 꽃

피면 죽는 일 피질 말아요
아름다워서 아파요
향기로운 살의에 떨려요

가망 없는 서재 안에서는
액자 속 돌매화만
소리도 없이 피어나요

꽃댕강

작은 소녀 하나가
놀이터 벤치에서
조개껍질만 한 수첩에
뭔가를 골똘히 쓰다가

매미 소리
잠시 주춤한 사이 고개 들어
텅 빈 놀이터를 한동안 응시하더니
주섬주섬 소꿉을 챙겨 자리를 떠났는데

가고 없는 벤치 위엔
낮은 바람 불고
쌀 튀밥 꽃댕강만
안개처럼 피어나고 있었습니다

4부

패인 가슴 흰 그림자

주먹손

4월이면
오름 자락 중산간에서
불쑥불쑥 튀어 나오는 생명의 봉기
주먹 쥐고 일어선다

이른 새벽 도로
고사리 전투 차량 행렬이 줄을 잇고
전조등을 곧추 세우며
어둠 속으로 질주한다

허기진 공복에 전투는 시작된다
게걸스런 수탈에 치를 떠는 양치 식물
속수무책 일망타진 벳고사리 자왈고사리
댕강댕강 사정 없이 뜯겨 나간다

몸뚱이가 꺾이고

앞치마에 수거된 뒤

큼지막한 전투 배낭에 갇히면

숨이 끊기고 풋 비린내만 천지에 가득하다

잠시의 애도도 없이

뜨거운 솥에 데쳐 널어지고 찬물에 우려진다

산에서 나는 소고기

찰지고 쫀득한 봄날의 전리품

용케 죽음을 피한 잔여 생명은

그때야 주먹 펴고 억세진 손바닥에 포자를 떨군다

난 곳에서 또 나는 불멸의 식물

내년이면 다시 볼 아니 볼 상대를 향해 손을 흔든다

각覺

드러난 돌보다
물에 잠긴 돌을 찾아
곡천曲川을 헤매던 사람아

소식 끊기고
종적마저 감추며
찾아낸 것은 무엇인가

어릴 적 겉늙은이 되어
12번 버스 맨 뒷자리에서
고갤 처박고 울던 사람아

꽃은 수없이 피었다 졌어도
비바람 숱하게 불어 지났어도
아직도 입정入定치 못한 그 자리

끝내 살아 있는 것 담지 못하고
죽음을 닦아내고 죽음에 옷을 입히고 죽음을 묶으며
차디찬 체온 다듬던 사람아

아무리 보기 힘들고 듣기 역겨워도
한 촉 각 키우듯
마지막 붉은 미소 한 잎 떨궈 주시게

러브버그

1센티미터도 안 되는 털파리 곤충
쬐그만 파우치 빽이라 거들며 그냥 넘어가자는데
어쩌자고 유독 미물인 사랑벌레를 두고서
핵폭탄이라도 터진 듯 온 세상 난리법석인가요?
만 건의 민원이 접수되고 방제 조례가 제정되어
한 마리도 놓치지 말고 완전 박멸하자는 퇴치구호는
웬 날벼락인가요?
아무리 홀대 받는 사랑이라지만
붉은등우단털파리라는 엄연한 이름 대신
왜 하필 제 앞에 그걸 붙여
이런 수난을 겪게 하는 건가요?
사랑을 잡아 먹는 벌레입니까?
미친 사랑에 부화뇌동하는 날충입니까?
내 이름은 사랑벌레,
대놓고 정사하는 만인이 쓴 주홍글씨.

붙어 사는 것도 죄인가요?

시샘이 나서 그런가요? 볼썽사나워서 그런가요?

그렇다고 독한 퇴치제 뿌리고

빗자루로 때려 쓸어 담아 불까지 태우시긴가요?

그럼 거리에 붙어 다니는 연인들은 무슨 벌레입니까?

그냥 사랑꾼이라구요?

그 이름도 다정한 사랑벌레를 골칫거리라며

인류 공적의 만만한 화풀이 감으로 작정하고

보이는 대로 닥치는 대로 살육하는 세상

아무런 저항도 못 하고 둘이 붙은 채

속수무책 죽어가는 사랑벌레

독성도 없고 인간을 물지도 해하지도 않고

질병도 옮기지 않고

붙어 다니기 전 유충 때는 낙엽을 삭혀

인간에 유용한 거름이 되게 하고

성충이 되어서는 커플 동체가 되어 벌보다 부지런하게

화분을 옮겨 수분을 성사시키는 일꾼인데

글쎄 타고 나기를 붙어 사는 운명이라고

그리도 눈꼴 시린가요?

우린 고작 1주일 뜨겁게 살아요

더욱 서러운 건 새들마저

먹잇감으로 쳐다보지도 않는다는 사실입니다

사랑도 죄인가요?

사체마저 혐오 받는 우린 사랑벌레

세상에

어쩌면

가상현실

새파랗게 젊은 청춘이

지하철 퇴근길

한 여성을 뒤따라가 방뇨를 했는데

공연음란 행위로

불구속 기소되고

고층아파트 옥상에서

극단적 선택을 했다는데

이 무슨 해괴한 코미딘가?

장렬하게 몸을 던져?

가장 찌질한 죽음

뭐냐 너는?

영구실종 어처구니

아마도 증강현실

분향 焚香 incensare

친구야
한 치 빈틈도 없이
그 많은 일정 짜느라
얼마나 애썼을까

함께 떠났던 여정마다
꼼꼼한 마음 묻어나 모두가 감동했지

혼자서 떠난 여행길은 편안한지
한마디 설명도 없이 그리 서둘러 가버렸나
미처 보낼 준비도 없이, 함께 떠날 채비도 없이

"길어야 6개월"이라는 스마트폰 너머 두 마디
차마 현실이 아니길 바랬는데

마지막엔

무슨 말을 남겼을까

그냥 곧 돌아온다는 당부였을까

그리움이 뭔지 아나?

손끝 하나 닿을 수 없는 것

먼데서 별처럼 함께 반짝이는 것

초점 없는 눈빛은 빈 곳만 응시하다가

세상을 거뒀다

오늘밤도 한 줌 향을 피운다

곡哭

한 번도 누굴 위해
울지 못했다

아무도 누굴 위해 울지 않는다
울음은 대상을 두지 않는다

정수리에서 발끝까지
고통의 깊이가 아무리 깊다 해도
그저 저 홀로 울 뿐

날 선 사금파리로
상처 난 몸 수천 번 그어댄들
몸서리쳐 줄 가슴은 없다

이미 늦었다고, 너무 늦었다고
다시는 돌아갈 길 없다 해도
전율할 지성은 없고

버림받은 황소개구리만
꺼이꺼이 울고 있다

숨

있다가

돌연 증발해 버리는 것

분명 늘 함께였는데

피차 준비도 없이 끝나버린 허망한 인연

언제 시작이 있었나요

바람 불고 바람 자듯

구름 일고 구름 걷히듯

늘상 있는 것이 아님을

떠난 후에야 알게 되네요

먼 데 외출하신다면

눈물바람 마중이야 몇 번인들 못 하겠어요

다시 돌아올 수 있다면

눈 빠지게 기다리는 일이야

하염없어도 호사라 하겠네요

나가 앉아 기다릴 개여울도 말라 버리고

파릇이 돋아날 풀포기마저 기약 없는데

도대체

무슨 말로 설명할 수 있나요

무슨 수로 이해할 수 있나요

어느 날

갑자기

그렇게 끝이 났네요

오래된 기억

상여는 상주와 집을 향해 세 번 앞을 숙인 후
방상 명정 만장 앞세우고 서서히 나섭니다
짤그랑 짤그랑 요령잡이 선소리꾼이
앞소리를 메깁니다
세상천지 만물지중 어허홍 어허홍
상두꾼의 뒷소리가 이어지며
지네처럼 상여가 움직입니다
뒤따르는 상주 복인의 곡소리에 눈물이 가득 찹니다
이내말씀 들어보소 어허홍 어허와
이세상에 나온사람 어허홍 어허와
고샅을 빠져나간 운구는
동네 어귀에서 노제를 지냅니다
망자가 태어나고 자라 장가들고
땅을 빌려 아들 딸 키워낸 뒤
천수를 누리고 떠나는 마지막 길입니다

상여는 굽어진 황톳길 따라 흰 누에 섶에 오르듯

가다 멈추기를 반복하며 차마 떠나보낼 수 없어

나가지를 못합니다

칠성님전 명을받고 어화넘자 어화어화

제석님전 복을빌어 어화넘자 어화어화

요령소리 짤그랑 짤그랑 메김소리 받음소리

상여를 따르는 상주 복인 조문객의 발걸음도 가쁩니다

명사십리 해당화야 어화넘자 어화어화

꽃진다고 서러마라 어화넘자 어화어화

북망산천 멀다던데 어화넘자 어화어화

애통하고 서럽구나 어화넘자 어화어화

점점 멀어져가는 운구 행렬이

아지랑이 속에 가물 거립니다

곡소리도 들릴 듯 말 듯 멀어져 갑니다

절명 絶命

야트막한 오솔길
솜털 깃털 한 차림
수북이 내려놓고
어딜 가셨나

빈 뼈
하늘과 땅 사이 거침없이 오르내리다가
홀연히 벗어 놓고
어딜 가셨나

빈 하늘 올려다보니
잔솔가지 끝
솜털 몇 올
남긴 바람에 날리고 있네

살다 죽는 일

사정없이 가벼운 일

풀

나오는 대로 뽑혀야 했다
자라는 대로 잘려야 했다
싹이 돋을 때 환희는
가차 없는 저주가 되어
예초의 칼날만 벼르게 했다

버림받은 것들은
제 운명을 예감하고
무섭게 하늘 향해 솟구치지만
그럴수록 끝을 재촉하고
초개와 같이 스러져갔다

피 한 방울 흘릴 새도 없이
흥건하게, 풀 비린내만 남기고
풀썩 내려 앉았다

마른 새들 날아와

토막 난 네 몸 쪼아대고 있었다

5부

주이상스, 그 너머

누명陋名

산더미처럼 버려진
클린 하우스
음식물 수거통 열 때마다
쉰내가 진동한다

살아가는 데 저 많은 것이 필요한가
버림받은 것들은 어디서 오는가
뻔한 질문만 분리 수거되고
하우스 안은 한 톨 가망이 없다

산다는 것은 저토록 내다 버리는 것
끝없이 무엇인가 폐기하는 것
지구촌은 진즉부터 더티 하우스
미명으로 누명을 씌우지 마라

버리고 버리면

인구여 클린해지겠습니까?

늦은 귀갓길에 툭

흰 장미 한 송이 내던지며 내게 묻는다

당근예찬*

요즘 세상

독고 각자도생이라지만

당신 동네에서 살아갈 방법 있습니다

먹고 입고 사는 데 필요한 것

넘치도록 충분합니다

뭐든 다 있는 당신 근처

무시로 나누고

덜 소용되는 것

사용했지만 한참 쓸 만한 것

착한 거래가 수시로 일어나는 곳

감사 댓글이 달리고

정이 담긴 손편지가 오고 가며

동네 생활 정보가 넘쳐나고

이웃들의 이야기가 꽃피는 곳

당신 가까이 소박하게 살아가는 길 있습니다

먼 데서 찾지 않아도

대형마트 백화점 없이도 살아집니다

당신 주변 따뜻한 숨결들

당신 곁에 있습니다

*중고거래 (주)당근마켓 이용 후기.

빗방울

후두둑 빗방울 듣습니다
이내 세찬 빗줄기가 쏟아집니다
마른 강을 적십니다

빗방울 소릴 듣습니다
습습한 비 냄새를 맡습니다
내리는 비는 중심도 없이 흔들립니다

좁은 어깨는 날카로운 비수가 되어 낙하합니다
눈빛은 결연했지만 울고 있습니다
거침없이 공중에 꽃을 피웁니다
찬란한 개화를 보지도 못한 채
그녀를 사랑한 시인은 떠나고 없습니다

불어난 강물은 더 이상 흐르지 않습니다
빗방울만 강 속에 꽂힙니다

내리는 빗방울마다 이름을 붙여줍니다
투신한 누이의 눈물 자국
순백의 들바람꽃처럼 가늘게 흔들립니다

수繡

밤하늘엔 별들이 영롱하고
달덩이 같은 목 수틀에는
흰 옥양목처럼 순결한 누이가
살구꽃 수를 놓는다

팽팽한 무명 수틀에
물드는 어둠과 간절한 염원 섞어
굽이굽이 서린 창자
끊어 놓는다

씨줄과 날줄 사이
결핍과 무능의 공간
예리한 바늘로 한땀 한땀
메워 나간다

미망迷妄의 두 눈에

십자수 새겨 넣어

동창에 걸어 놓은 들

기운 해는 언제 떠오르나

수틀 속 봄 가을 수없이 피었다 질 때

색色을 놓는다, 바람을 놓는다

투명한 천 위에 시천주侍天主

정화수 한 사발 올린다

숲의 정령

가슴 한편이
숲이면 좋겠습니다
숨이 차고 힘들 때
가만히 숨어 쉴 수 있는
참나무 숲이면 좋겠습니다
생각에 잠겨 한참을 걸을 수 있는
자작나무 숲이면 좋겠습니다
언제든 그늘을 내주는
서늘한 숲이면 좋겠습니다

새들은 제 소리대로 울고 갑니다
저마다 우는 까닭을 숲은 압니다
한 줌 햇살, 한 줄기 바람도
숲은 온전히 받아들입니다
날개 부러진 새 한 마리 숲에 깃듭니다
뭇짐승의 죽음 끌어안고 함께 웁니다

반란이 하늘에 닿고

분열이 저주를 몰고 와도

숲은 시비를 가리지 않습니다

숲은 고통의 바다에 피어난 꽃입니다

안부

86번 버스가 허덕이며

산복도로를 오를 때

45년 경력 기사님

가는 허벅지에 경련이 일고

전쟁통 피난살이

아득한 시절

기다려도 기다려도 님은 오지 않던

가여워라 서러워라 산만디 고개

목마른 천재 시인은

정발장군 기리며

하늘 아래 첫 동네

물레 소리 아득하다 눈물만 흘렸나니

168계단 밑 우물 말라 버리고

올려 보는 까꼬막 꼭대기

오르기도 전에 어찔하여

숨부터 턱 막히네

물지게 지고 올랐을 산동네 인심

짐작도 어려워라

산목숨 복작거렸을 그곳에는

따가운 정오 햇살 적요만 흐르네

외계 外界

뾰~뾰~뾰로롱 찌~
쯔빗 쯔빗 쯔빗 쯔빗
휘~이익 휘이익~휘이~~

되지빠귀 박새 소리
긴 섬휘파람새 소리

한 토막 은유로 견줄 수 없는
세상 모든 말로도 해독할 수 없는

멀리 벗어나

모두 던져야 들리는

우는가 노래하는가

숲 한 켠 쓸어가는

먼 바람 소리

제비

시를 짓다 잠이 들어
심상의 끝을 잡고 뒤척입니다
수많은 시어를 끌어와 나열해도
영화 필름처럼 문장을 이어 붙여도
도무지 시가 되지 않습니다

삼짇날
수직의 처마 밑을 쉴 새 없이 들락거리며
지푸라기에 진흙을 발라 번듯한 집을 짓고
알을 낳아 부화하고 키워내는
날렵한 제비를 봅니다

중양절 길 떠나는 손님께
국화주 한잔 올리며 묻습니다
어찌 그리도 민첩하게 완벽한 한 철을 꾸립니까

떠날 채비를 하며

부산하게 벌레를 나꿔채며 대답합니다

침이 마르게 집을 지었습니다

입이 부르트게 물어 날랐습니다

통영

통영 밤바다 불빛에 흔들리고
만조 갯바람 넉넉한데
그들은 알까
그리운 얼굴 사무치네

잔파도 조용한 포옹처럼
밀려오고
여기 함께 있기를
가난한 뱃전에 밀려오는 바닷물 소리

푸석한 쑥부쟁이 살이
잠시 쉬었다 갈까
우린 잊고 있었는지 몰라
다시 찾은 여름 포구

통영 앞바다

소금 바람 익어 가고

더 먼 바다

더 먼 그리움

회심 灰心

푸른 몸 어찌할까
발로 밟아 죽일까
돌로 눌러 죽일까
남긴 줄기로 찔러 죽일까

먹은 대로 몸이 되지
그 속이 전부라면
이젠 먹지 않기를
이젠 짓지 말기를

빛을 먹고 자라는 것
배불리 먹어 하늘에 닿아
그 빛에 홀린다
제 몸을 삼킨다

먹다 토한 빛을 바다가 먹는다
남긴 불빛은 찢긴 남루다

제 몸 하나도 숨길 수 없는
갉아 먹어 치운 앙상한 줄기
꿈틀대는 것에 살의를 품는 건
나비를 죽이는 일이다

쌓고 또 쌓아
광란의 치장으로 내두른다 해도
그건
하늘에 짓는 허망이다

6부

생이여에 나가 앉아

곡비 哭婢

애초부터 소리를 가질 수 없어
지나는 길에 모든 것 끌어안고
그때서야 비로소 소리내어 우는가

너른 벌판 지날 때 땅 비린내 실어
거침없는 달음질로 몰려가고
야트막한 솔밭길 넘을 때는 송진내 풀풀 날리며
매일 밤 조금씩 달라지는 할머니 얘깃소리 듣는가

만나는 것 무엇이든 그 모습
받아주고 채워주고 감싸안고 우는가

대숲에 부딪쳐 쏴아아 서걱대고
천애 절벽을 만나면 전신을 던져
깊은 계곡으로 유장하게 흐르고

빈 곳에서 태어나 색깔도 없이, 향기도 없이
저 아닌 것에 온전히 바치는 헌신의 곡비哭婢여!

얼어붙은 정월 산정을 향해 휘몰아칠 때
아우성치며 칼바람 소리로 울고
따스한 봄날 보리밭 고랑 넘을 때는
고단한 보릿고개 한숨으로 우는가

한 치 꾸밈도 없이, 한 줌 내색도 없이
가슴속에 파고들고 심장 속에 스며들어
아 소리 없이 부는 바람은 없나니

바다새

처음
세상 나올 때부터
울지 않던 새가 있었다

한 둥지에서
그만이 울지 않았고
어미의 게운 먹이도 받아먹지 않았다

울지 않으니 줄 리도 없지만
생명은 모진 것이어서 스스로 둥지를 박차고 나와
땅속 벌레를 쪼아먹고 자신을 살려냈다

까닭도 없이 흐르는 울음을 삼켰다
눈물을 먹고 사는 새는
울지 못한다

바람을 차고 하늘에 솟구쳐 올라
내려다본 첫 세상은
온통 아픈 숲이었다

그는 다시 창천을 버리고
일생 삼켰던 눈물을 왈칵 쏟아내며
무연無緣의 바다새가 되었다

빗소리

새벽잠 깨어나
미동도 없이 빗소리 듣는다
일체의 잡음을 재우고
오직 네 음성 듣는다

뒤척이는 등 뒤에서
낮은 목소리로 얘기하듯
고단한 육신 위로 빗줄기 뿌리고

무너진 마음에 닿을까
밤새 지켜보던
눈물의 위로였구나

다시 너의 음성 듣는다

가까이에 와 있는 너의 숨결 느낀다

빗소리 멎는다

자수 刺繡

상아처럼 맑은 이마
넘치던 흑발
삐비 속살 같던 신부가
사십 년 묵은 여인이 되어

주민자치센터 문화교실에서
프랑스 자수를 수강하더니
헐렁한 머리숱을 묶고
두툼해진 손으로 수를 놓습니다

울긋불긋 고운 색실
바늘 따라 한땀 한땀 걷고 또 걷습니다

수틀 대신 깃이 바래고 닳은
남편의 셔츠 소맷깃에 꽃을 심고
앙증맞은 곤충을 얹어 놓으니

낡은 셔츠는

꽃밭이 되고 벌과 나비가 내려 앉았습니다

남편은 한사코

수놓은 낡은 셔츠만

번갈아 입고 나섭니다

양복에서 삐져나온 소맷깃에서

꽃이 피고 벌들이 날고 나비가 팔랑거립니다

연인

당신은 참 곱습니다
몇 대문 속
내당에 핀 해당화처럼
정숙이 범접을 삼갑니다

당신은 그윽합니다
맑은 이슬
풀벌레 가득한 숲입니다
무진장 자유로운 해원입니다

당신은 경이롭습니다
한 치 흐트러짐 없는
단심입니다
죽어도 떠남 없는 사랑입니다

정井

첫서리 내린 새벽

미명의 길을 밟아

첫 샘물을

가슴에 길어 올리고

헌신인 몸을 정갈하게 씻어냅니다

동트기 전 정화수를 올리고

가장 정결한 몸과 마음으로

간절한 치성을 드립니다

비나이다 비나이다 천지신명께 비나이다

굽은 등 뒤로 박명의 빛 한 줄기 내려앉고

서릿발은 차갑고 흽니다

낳으시고 기르시고 다 키운 후에도

노심초사 빌고 비는

천지신명이신 어머니.

정한수 위에 비치는 어머니 얼굴

청별

추념의 공간
그곳의 넝쿨장미는
피었다 졌다

한쪽을 잃은
여자의 눈물도
고였다 흘러내렸다

해 질 무렵
시간은 멈추고
바닷가 모래톱에
남기고 간 언약

밀물은 소리도 없이 덮쳐오고
일몰과 함께 사라졌다

새기려거든

썰물에도 지워지질 않을

그런 사랑을

깊은 가슴에 품어야 했다

죽竹

뜬금없이 굴러든 행운이랄까
겉 청대 매끈한 몸매의 신부를 얻었지
신장 90cm 가슴 허리 둘레 17cm의 조붓한 여인
씨받이도 아니고 윗방아기도 아닌
순전히 코골이 치료라는
사명을 띠고 내 품에 쏘옥 안겼지
첫 느낌 있지 서늘하면서도 착 감기는
허벅지 사이로 끼어드는
취청오이 같이 상큼하고 자그막한 몸

폭염으로 뎁혀져 후텁한 열대야에도
불덩이 몸뚱아리를 삽시간에 식히는
써늘함이라니
완벽한 포옹이란 이런 것
이녁이 내가 되고 내가 이녁 되는 것
그래서 이녁도 나도 없어지는 것

그대는 대숲이 되고
내 품 안에서 댓잎 소리 사그락댄다
가슴속에 대숲 바람 일고 온몸에 감겨오는
얼얼한 청풍이여! 무욕의 순수여!

청운靑雲

수평은 하늘을 만나고
먼 들판 끝은 하늘을 품는다

하늘

아득히 멀어야 비로소
만나고 품는 것

바라보는 눈은 높고
깊은 가슴만이
앞서 걸어 나갈 수 있는

사랑

푸른 구름이 어두운 구름 위에 일고

창천은 햇살을 머금고

먹구름은 비를 몰고 온다

맑은 하늘에 낀 푸른 안개여

가여운 사람

깨끗한 인연의 안다미로 이불처럼

깊고 깊은 꿈속으로

데려가 다오

춤

소리 없이
피어나는 꽃처럼

발을 모으고
두 손 치켜들어
공중에 바람을 일으키면

나풀대는 몸으로
갇힌 어둠 뚫고 한곳으로 향하는
빛나는 눈빛만 건져 올려

질긴 고수^{鼓手}의 추임새
그대를 돋궈내어
허공에 그리는 자화상엔

꽃 발림 황홀만이

가슴 저리도록

흐드러지게 피어나리라

해설

한통속이 된 시인과 사물의 진술

양전형

시인

한통속이 된 시인과
사물의 진술

    시는 참 어려운 문학예술이다. 똑부러지게 '시란 무엇인가'에 대해 정의하기도 쉽지 않지만 세상에 나와 있는 무수한 답으로 정의를 늘어놓아도 그 또한 시의 정의가 아니라고 단정하기도 어려운 일이다. 시의 정의에 대하여 엘리어트의 '시에 대한 정의는 오류의 역사'라는 말이 이를 잘 대변해 준다. 시인에 따라, 시대에 따라, 시의 종류에 따라, 시를 헤아리는 개인의 생각에 따라 달라질 수 있기 때문이다. 그냥 상식적으로 쉽게 이해할 수 있는, '시는 인간의 사상과 정서를 운율적인 언어로 압축하여 표현한 운문문학' 정도의 일반적인 정의로 우리들은 시를 쓰고 읽고 이해하면서 시와 함께 생활하고 있는 것이다.

1.

 어쨌든 시는, 한 편의 작품을 다른 사람이 진지하게 읽어주었을 때 비로소 의미가 전달되는 작품으로 존재하게 된다. 바꿔 말하면, 건성으로 훑어보고 끝내거나 시를 느끼지 못하면서 "형식이 시처럼 보이긴 하는구나" 정도의 읽음이라면 시의 탄생이라 볼 수 없고 완성된 작품이라 평가할 수 없다. 이러한 것 때문에 시를 공부하면서 평가를 받는 합평회 있는 동인회의 역할이 필요하다고 생각한다.
 그래도 시인들은 하늘을 보든 바다를 보든 어떤 사물의 모양과 색깔 속에서 또는 그 움직임 속에서 자신의 새로운 감정을 찾아내고 감성적으로 공감되는 언어를 끌어모으면서, 때로는 피말리는 작업을 하면서, 때로는 물질적인 보상은커녕 정신이 피폐되어 감도 느껴가면서 시를 쓰고 있는 것이다.
 오죽하면, 최원칠 시인도 본 시집 『팔삭 블루스』의 자서(自序)에서 '염병 맞을 메아리 없는 도로(徒勞)'라며 아무 보람이 없는 헛수고라고 자조 섞인 아픔을 말하기도 하지만, 그보다 더 깊은 최 시인의 마음은 "인생은 몇 번이고 꽃필 수 있다는 희망과 천 번을 부서져도 바다는 여전히 바다라는 위안을 삼아 정직한 야만의 시대에 우아한 위선의 시를 계속 쓰고자 한다."라며 '정직'과 '위선', '야만'과 '우아'를 역으로의 비교와 대비로 꼬집으면서 더 치열하게 시를 쓰겠다는 의지를 품고 있는 것이다.

>작은 소녀 하나가
>놀이터 벤치에서
>조개껍질만 한 수첩에
>뭔가를 골똘히 쓰다가
>
>매미 소리
>잠시 주춤한 사이 고개 들어
>텅 빈 놀이터를 한동안 응시하더니
>주섬주섬 소꿉을 챙겨 자리를 떠났는데
>
>가고 없는 벤치 위엔
>낮은 바람 불고
>쌀 튀밥 꽃댕강만
>안개처럼 피어나고 있었습니다
>
>　　　　　　　　　　　- 시, 「꽃댕강」 전문

얇은 가지에 작은 잎을 달고 종 모양의 흰 꽃들이

모여 핀 꽃댕강나무. 나무에 달려 핀 꽃줄기 몇 묶으면 바로 풍성한 꽃다발이 될 듯한 이 꽃댕강을 보면 소녀들이 재잘거리며 훗날의 꿈을 이야기하는 것처럼 보인다. 꽃말이 '평안함' '소녀의 꿈'인데, 꽃의 이미지에 맞게 포근함을 느낄 수 있는 꽃이다.

  시인은 매미 소리가 한창인 여름 어느날, 놀이공원에서 사색에 빠졌다가 풍경 하나를 본다. '놀이터 벤치' '작은 소녀와 수첩' '매미 소리' '낮게 스치는 바람' '안개처럼 피는 쌀 튀밥 같은 꽃'들을 사랑도, 번민도, 아픔도 없이 무위자연 그림 하나를 가슴속 백지 위에 그려낸다.

  그림을 그려넣고 시인은 안개처럼 자욱하게 피어나는 꽃을 가만히 바라보고 있다. 전개된 순서의 서사보다 남아있는 시인의 모습이 허전할 것 같다. 그러나 뒤집어 보면, 무의미하고 허무만 남는 찰나가 연상됐던 이 시에 동원된 모든 사물들이 진실을 보여준다. 피어오르고 있는 꽃댕강이 무한한 희망을 건네주며 자연이 품은 편안한 맑음의 여운을 오래 남긴다.

    이 세상에서 가장 슬픈 일은 사랑하는 이에게
    이별을 말하는 것이라지만

이 세상에서 가장 가슴 아픈 일은 사랑하는 아이를
다시 볼 수 없는 먼 곳으로 보내야 하는 일입니다
(중략)
한 어미 돌고래가 맨 앞에서 긴 주둥이로
몸이 축 늘어진 채 죽어 있는 새끼 고래를 연신
수면 위로 들어 올리며 유영하는 것이었습니다
여러 마리의 돌고래가 뒤따르며
마치 장례 의식을 치르는 것처럼 숙연하였습니다
(중략)
인간이 감지하기 어려운 주파 영역이라 알 도리는 없지만
인간의 청각 밖에서 찢어질 듯 뱉어내는 어미의 울음을
새끼는 알아들을지 모를 일입니다

- 시, 「남방큰돌고래」 중에서

  여러 매체를 통하여 많은 사람들이 이 내용을 알고 가슴 어느 한 켠이 아렸을 사연이다.
  인간도 자식 잃은 슬픔의 크기를 어떻게 다 표현하지 못한다. 적어도 우리의 눈에는 인간보다 낮은 동물일 수밖에 없는 남방큰돌고래의 모정의 행위가 직접 묘사되며, 말로는 다 표현할 수 없는 천륜의 깊은 정을 서사적으로 형상화하는 이 시는 공감각적 심상으로 바로 느낄 수 있는 진술이다.

초근목피로 보릿고개를 넘어갈 때 "아야 뛰지 마라 배 꺼질라"라고, 어머니의 한숨을 노래하는 어느 유행가의 대목과 같이 인간의 깊은 모정은 누구나 공감하는 일이다.

시인이 "이 세상에서 가장 가슴 아픈 일은/ 사랑하는 이를 먼저 보내야 하는 것입니다"라는 말로 전달하고자 하는 중심의 뜻을 대체해 놓았지만, 이 시를 통해 세상사에 대한 아픔의 한 부분을 저리게 느낄 수 있다.

한순간에 뱉어낸 땅/ 수많은 생명 깃들고/ 알토란 같은 식솔 알뜰히 키워 낸 후// 이제 다시 자궁으로/ 돌아가는 길/ 260번 버스는 달린다// 초낭가름 지나 새가름, 참나무 지나 띠풀 마을/ 도뚜리 마을엔 검은 똥돼지/ 적당히 높아 선흘, 점봉여관에서 쉬었다 갈까/ 언뜻 들으면 섬뜩한 틀라목/ 너른 들판 지나니 지끄물,/ 그 끝을 잡고 멍 때릴까, 멍중내/ 그러다 큰일 난다 멧돼지 몰려와 밟히면 어쩔라고/ 서둘러 옷가름으로 피신했더니 알송당이 우뚝/ 다시 농굴왓 나타나고 앞테역 잔디, 바람에 누우니/ 평대리 바다// 그곳은 어머니 또 그 어머니의 물숨/ 납뎅이 달고 지옥 가는 길/ 밥이 되고 술이 되고 책이 되

고/ 테왁에 담긴 세월의 무게

　　　　　　- 시, 「260번 버스」 전문

생활의 어느 부분일지라도 하나의 '삶'을 마치고 의례적으로 '귀의(歸意)'를 향하게 되는 날, 시인은 그동안 지나온 것들에 대한 흔적들을 하나하나 끄집어낸다. '자궁으로 돌아가는 길' '점봉여관에서 쉬었다 갈까' '지끄물, 그 끝을 잡고 멍 때릴까' '바람에 누우니 평대리 바다' '어머니의 물숨' '납덩이와 지옥' '밥과 술과 책이 되'는 그것들은 가장 기본적이면서 보편적으로 살아왔던 과정의 본질이었다. 그러면서도 시인은 이 시에서, 삶의 아픔이라든가 미련이라든가 일체의 감정을 배제한 채 담담한 진술로 삶을 소화해내고 있다.

2.

시를 쓸 때 시인들은 기쁨의 정서는 긍정적인 것, 슬픔의 정서는 부정적인 것으로 묘사하게 된다. 물론, 역설이나 아이러니를 통해 감정을 범벅처럼 부벼 감춰버리고 그 시의 맛은 읽는 이의 심상에 따라 소화되도록 쓰는 경우도 있다. 또한 자아가 자연에 귀의되어 무념무상의 상태를 그려내기도 한다.

  최원칠 시인은 세상을 유랑하기 좋아한다. 본 시집 작품들을 읽다 보면 그 소재 속에 명승지라든지 제주도내 여러 지명들이 등장한다. 아마 시를 쓰기 위해 자연이나 현실 현장을 찾는 여행이라 생각된다. 최 시인은 자연과 자아의 교감을 통해 자신이 바로 그 자연이 되기도 한다. 자연이 갖고 있는 생각을 시인 스스로 말하며 긍정하고 때로는 그 자연의 아픔이 곧 시인 자신의 것으로 귀착되기도 한다. 바꿔 말하면 최 시인은 세상살이 이웃이거나 무심코 지나다니는 자연에 눈을 돌릴 줄 안다는 말이다.

  그러한 것들은 시인들이 지녀야 할 자세이기도 하지만 최 시인은 지금까지 살아온 생의 굴곡 속에 인위적으로 만들어졌던 사랑과 이별, 기쁨과 슬픔이나 그 모든 감정들이 자연의 순환처럼 반복되어 왔음을 자연에 귀의하며 고백하고 있는 것 같다. 그리고 그 깨달음을 자연의 이치에다 옮겨놓는 작업을, 때로는 자연이 시인 자신의 흉내를 내고 있는 것 같은 시의 감성을 유지하면서 자연의 섭리와 함께하기도 한다. 아래의 시 「삼다수 숲길」도 최 시인이 바로 그 자연화돼버리고 시인 자신이 그 자연의 말을 번역해 내는 것이다.

에비앙레뱅보다 더 청정하다는
삼다수 숲길을 걷습니다
조릿대 서걱거리는 소리가
수백 미터 지하 암반을 흐르는 물소리와 겹칩니다
삼나무숲을 사열했던 바람은
흰 꽃 붓순나무 곁에 이르자 잠시 걸음을 멈춥니다
정결한 산목련을 만나려면
흐트러진 매무새를 다듬어야 합니다
(중략)

넉넉한 서어나무 등걸에 기대어
육신을 달래고 때 묻은 영혼 씻어냅니다

아랫녘 목장에서 들려오는
테우리 말 모는 소리를 듣습니다
여아 어려령 어헝 어려 어렷 어허두리 얼럿

— 시, 「삼다수 숲길」 중에서

처음 생명이 태어나고/ 아낌없이 퍼내 줘 뭇 목숨 키워 냈으나/ 이제는 오물받이, 종말처리장// 어머니 몸이 그랬을 것이다/ 눈물 아닌 삶이 있었을까/ 모든 고통의 종착지/ 평생 홀로 삭이다 소각되니/ 한

바탕 한풀이 춤이었을까// 아직도 늦지 않았기를/ 숙주가 죽으면 기대 사는 목숨도 끝인 것을/ 무작정 버려지는 가장 낮은 곳/ 저지레 저지레// 뭍의 곡성哭聲을 바다는 안다/ 갯내는 바다가 받아 준 모든 것의 썩은 냄새다/ 파도 소리는 그 가슴이 아파서 우는 소리다/ 흰 거품만 토해내는 바다// 거친 파도는/ 터질 듯 내뱉는 마지막 몸부림이다/ 상처 입고 절은 몸/ 검은 바위에 부서진다

- 시,「종말처리장」전문

  사람의 정서에 두 가지 분류가 있다. 선천적으로 가지고 태어나는 기본정서와 인지적 성찰과 사회생활을 통해 보태지는 복합정서다. 필자는 최원칠 시인의 기본정서에 그늘과 같은 아픔의 정서가 많이 감지되는 걸 느껴오고 있다. 시인의 그 기본정서에 인생을 살아오며 보태진, 일상의 소재와 경험 속에서 길어 올린 인간과 자연의 성찰이 덧붙어 종말처리장이 더 아프게 표현되고 있는 것이다.

  '갯내는 바다가 받아 준 모든 것의 썩은 냄새다/ 파도 소리는 그 가슴이 아파서 우는 소리다'에서, 인간 생활의 찌꺼기를 다 품어주는 무한한 자연의 희생을 금방 인식할 수 있다. 이 시「종말처리장」은, 인

간 삶의 희로애락은 자연이 없으면 결코 누릴 수 없다는 성찰이며 긴장이며 환경보전의 큰 필요성을 강조하는 것이다. 결국 인간은 자연이 없으면 존재할 수 없다는 공감이 묵직한 여운으로 남는다.

    산더미처럼 버려진
    클린 하우스
    음식물 수거통 열 때마다
    쉰내가 진동한다

    살아가는 데 저 많은 것이 필요한가
    버림받은 것들은 어디서 오는가
    뻔한 질문만 분리 수거되고
    하우스 안은 한 톨 가망이 없다

    산다는 것은 저토록 내다 버리는 것
    끝없이 무엇인가 폐기하는 것
    지구촌은 진즉부터 더티 하우스
    미명으로 누명을 씌우지 마라

    버리고 버리면
    인구여 클린해지겠습니까?

늦은 귀갓길에 툭

흰 장미 한 송이 내던지며 내게 묻는다

- 시, 「누명陋名」 전문

사람들은 클린 하우스를 냄새와 더러움의 공간으로 인식하지만 어차피 자기가 버리는 음식쓰레기 등 잡다한 것을 버리지 않을 수 없는 곳이다. 사람들은 거의 욕심 이상으로 차려 먹다가 남는 것 따위를 무분별하게 양산하며 클린 하우스를 괴롭힌다. 사람들의 일상에 없어서는 안 될 클린 하우스. 현대사회에서 양산되는 쓰레기를 비판하면서 죄없는 사물인 클린 하우스를 위로해 주는 글이다.

1센티미터도 안 되는 털파리 곤충/ 쬐그만 파우치 빽이라 거들며 그냥 넘어가자는데/ 어쩌자고 유독 미물인 사랑벌레를 두고서/ 핵폭탄이라도 터진 듯 온 세상 난리법석인가요?/ (중략)/ 아무리 홀대 받는 사랑이라지만/ 붉은등우단털파리라는 엄연한 이름 대신/ 왜 하필 제 앞에 그걸 붙여/ 이런 수난을 겪게 하는 건가요?/ 사랑을 잡아 먹는 벌레입니까?/ 미친 사랑에 부화뇌동하는 날충입니까?/ 내 이름은 사랑벌레./ 대놓고 정사하는 만인이 쓴 주홍글씨./

붙어 사는 것도 죄인가요?/ (중략)/ 그럼 거리에 붙어 다니는 연인들은 무슨 벌레입니까?/ 그냥 사랑꾼이라구요?/ 그 이름도 다정한 사랑벌레를 골칫거리라며/ 인류 공적의 만만한 화풀이 감으로 작정하고/ 보이는 대로 닥치는 대로 살육하는 세상/ 아무런 저항도 못 하고 둘이 붙은 채/ 속수무책 죽어가는 사랑벌레/ (중략)/ 성충이 되어서는 커플 동체가 되어 벌보다 부지런하게/ 화분을 옮겨 수분을 성사시키는 일꾼인데/ (중략)/ 우린 고작 1주일 뜨겁게 살아요/ 더욱 서러운 건 새들마저/ 먹잇감으로 쳐다보지도 않는다는 사실입니다/ 사랑도 죄인가요?/ 사체마저 혐오 받는 우린 사랑벌레

- 시, 「러브버그」 중에서

미물일지언정 타고난 생의 운명 때문에 멸시와 지탄을 받는 하등의 생명을 변호하고 있다. 이 또한 소외된 것들에 대한 응원이고, 아픔의 음색을 띤 그늘 지고 슬프게 태어난 운명들을 보며, 시인 자신에게 잠재하고 굳어져 있던 아픔이 사랑벌레로 인해 다시 되살아나는 것은 아닐까.

타고난 원죄를 어떡하란 말인가. 새들마저 먹잇감으로 쳐다보지 않는 곤충. 의도의 여부와 상관없이

일주일간의 뜨거운 사랑. 시샘이 나서 그런가요 볼썽사나워서 그런가요. 독한 농약으로 처벌해야 할 죄인가요. 사랑벌레를 대신하여 항변하는 시인도 '어쩌면 그런 아픈 경험이 있지 않았나…'라고 색안경을 끼고 볼 사람들이 있을 것 아닌가 하는 생각에 필자의 입꼬리가 살짝 올라가는 느낌의 시이다.

   한 번도 누굴 위해
   울지 못했다

   아무도 누굴 위해 울지 않는다
   울음은 대상을 두지 않는다

   정수리에서 발끝까지
   고통의 깊이가 아무리 깊다 해도
   그저 저 홀로 울 뿐

   날 선 사금파리로
   상처 난 몸 수천 번 그어댄들
   몸서리쳐 줄 가슴은 없다

   이미 늦었다고, 너무 늦었다고

다시는 돌아갈 길 없다 해도
전율할 지성은 없고

버림받은 황소개구리만
꺼이꺼이 울고 있다

- 시, 「곡哭」 전문

막연한 슬픔이다. 시인이 품고 있는 깊은 정서에 타고난 슬픔의 기조인지도 모른다. 세상에 있는 모든 슬픔을 한곳에 모아놓은 것 같다. 달리 비유하면, 길가의 벚꽃이 온몸으로 피운 꽃을 떨구며 울어대는 것도 자신의 생이 슬퍼서 우는 것이지 세상 누구를 위해 우는 게 아니다. 어차피 모두가 혼자인 것이라는 주체성 눈물이다. 심지어 자신의 몸도 부위별로 각각의 관성을 가진 객체이다. 가슴이 모든 걸 통제할 수 없어 각각의 상처난 부위별로 곡哭을 한다.

시인은 세상 어느 한 구석인들 슬픔이 없으랴 함을 단정짓는 것이다. 어디에든 슬픈 곡이 있고 세상에 존재하는 것들이 각 개개로 다 울어버렸으니 마지막으로 버림받은 황소개구리만 꺼이꺼이 운다고 진술한다. 이기주의의 현실에 대한 바판이며 인간성을 살려내려는 설득이기도 하다.

3.

　세상을 유람하는 자세로 시를 쓰는 최 시인을 자세히 살펴보면 세상의 모든 사물을 의인화시켜놓고 서로 접선하며 공감대의 심상을 풀어놓는 것 같다. 인격화된 사물도, 전지적 능력을 갖춘 시인에게 떼 지어 있는 온갖 감정을 아는 듯 동일하게 전지적으로 동참하는 것이다.

　한 편의 시에서 시인과 사물은 똑같은 마음인 것이다. 사전적 정의의 마음이란 '생각, 의식 정신' 또는 '감정이나 기분, 의지나 결심' 등을 말한다. 시인과 사물이 같은 마음으로 시를 써야 시가 완성될 게 아닌가. 사물을 보며 시인이 감성을 꺼내 놓을 때 사물도 같은 마음이 아니면 그때의 그 둘은 시詩라는 세계에서 만날 수 없는 것, 즉 시가 탄생되지 않는 것이다.

　사물은 존재하지만 아무런 말이 없다. 그렇지만 좋든 싫든 시인의 부름에 다가가 인격을 부여받아야 한다. 인격을 부여받는 순간, 시인과 사물은 '일심동체'가 되어 시를 쓰기 시작하는 게 아닌가. 그런 후에 시인이 가지고 있는 생각이나 느낌, 리듬, 하모니 등이 동참하며 언어로 전환되는 것이다.

동네 어귀/ 마트 핫딜처럼/ 현수막 하나 내걸렸는데/ 저 홀로 가을 음악을 연주하고 있었다// 하늘은 높고 바람은 낮았다/ 업 다운과 피치를 반복하며/ 가을이 펄럭였고/ 스마트 자판 위엔 벌써/ 낙엽이 내려앉고 있었다// 그 흔한 개회사도 없이/ 두 시 정각 드럼은 울었고/ 동네 음악회는 조촐하게/ 가을을 보내려 하는 것이었다// 베이스가 떨고/ 스네어가 충동하고/ 탐탐이 재촉했다/ 드디어 하이헷 페달에 잦은 킥이 얹히더니/ 연주회는 끝났다// 저마다 서늘한 눈빛을 나누며/ 저물어 가는 발자국 소리를 들었다

— 시, 「가을 음악회」 전문

'가을이 펄럭이고' '낙엽이 내려앉고' '저물어 가는 발자국 소리'를 남기며, 가을과 함께 덩그라니 내걸린 현수막 앞에서 시인은 음악회를 마쳤다. 작은 악기들에게 개개의 소리를 지시하지 않아도 모두 제 역할을 다 했다. 대형 극장에서의 오케스트라 연주보다 얼마나 낭만적인 쓸쓸함인가.

최원칠 시인은 〈한라산문학동인회〉 회원으로 활동하면서 어느 누구 못지않게 열심으로 좋은 작품들을 보여주고 있고 시에 대해 정말 진심인 시인이다.

시에 알맞은 어휘 구사에서 신선한 창조성을 추구하는 게 돋보일 뿐 아니라, 평소에 용의가 단정하고 젠틀한 외모처럼 시의 문맥도 정갈하면서 자신을 닮은 품성을 그대로 드러낸다.

그리고, 그의 시를 읽다 보면 그의 노래들이 슬픔의 음색을 갖고 있는 것처럼 보일 때도 있었다. 차분히 꾸려나가는 행간에서 언뜻, 최 시인의 깊은 정서가 시로 나올 때 그늘과 슬픔의 메타포로 대체되는 느낌을 받을 때도 있었다는 말이다.

그러나 그 말은, 늘 미소를 잃지 않고 살아가는 최 시인의 성품처럼 밝고 좋은 작품들도 많다는 것을 전제하고 하는 말이다.

    오래된 시집에서
    박꽃의 시간을 견디다가
    먼지 속에 일어난 흰 기억

    저녁밥 지어야지
    보리쌀 씻어야지

    밤 실 샘터 가는 길
    여름 해 으스름해지면

한 손으로 연신 물동이에서
흘러내리는 물방울을 훔치던 그녀

발길은 고사태를 향했지만
젖은 적삼 자락은 한사코 내 눈길 붙잡아
재촉의 시간에도 언뜻 내준
흰 미소

달빛처럼 피었다가
아침이 되기도 전에
서둘러 시들어 버린
희디 흰 순정

- 시,「박꽃」전문

박꽃의 꽃말은 '기다림'이다.
간절한 소원이거나, 누군가 무사히 돌아오길 바라는 마음을 담아 달님에게 비는 그 청순하게 하얀 모습이 기다림의 이미지를 연상케 하여 붙여진 꽃말이라 한다.
밤새 싱싱했던 기다림이 아침 해를 만나면 색깔이 변하며 금방 시들어버리지만, 한밤중에 피어 기다리는 건 수정을 시켜줄 박각시가 찾아오기 쉽게 하얀 자태로 밤을 오롯이 넘기는 것이란다.

최 시인이 오래전 보았던 흰 미소의 박꽃과 함께 그려내는 '샘터 가는 길' '물동이' '젖은 적삼자락'은 어쩌면 박꽃 같은 여인이 자신에게 있었음을 추억하고 있는 것인지도 모른다.

위에 인용한 시 외에도, 아래의 시처럼 의인화된 사물들을 살펴보며 인용하고 싶은 시들이 많았지만 지면이 부족한 것 같아 필자의 말을 줄인다.

    4월이면
    오름 자락 중산간에서
    불쑥불쑥 튀어 나오는 생명의 봉기
    주먹 쥐고 일어선다
    (중략)
    허기진 공복에 전투는 시작된다
    게걸스런 수탈에 치를 떠는 양치 식물
    속수무책 일망타진 벳고사리 자왈고사리
    댕강댕강 사정 없이 뜯겨 나간다
    (중략)
    잠시의 애도도 없이
    뜨거운 솥에 데쳐 널어지고 찬물에 우려진다
    산에서 나는 소고기

찰지고 쫀득한 봄날의 전리품
- 시, 「주먹손」 중에서

애초부터 소리를 가질 수 없어/ 지나는 길에 모든 것 끌어안고/ 그때서야 비로소 소리내어 우는가(중략)// 얼어붙은 정월 산정을 향해 휘몰아칠 때/ 아우성치며 칼바람 소리로 울고/ 따스한 봄날 보리밭 고랑 넘을 때는/ 고단한 보릿고개 한숨으로 우는가
- 시, 「곡비哭婢」 중에서

하늘은 늘 침묵에 묶여 있다. 그렇게 절대적으로 큰 사물도 인간의 말을 할 수 없다. 그러나 시인이 "오, 위대한 희망 하늘이여" 하는 마음을 꺼냈을 때 하늘도 "그렇지, 맞고 말고"라는 마음과 함께 시인의 글 품으로 안겨 든다. '구름 가득한 하늘의 우울' 또는, '붉은 노을의 열정과 낭만 혹은 생의 황혼' 등 변화무쌍한 하늘의 모습에 시인이 목소리를 부여하거나 모양을 형용해 주거나 묘사되는 상징어를 제시해 줬을 때 비로소 의인화된 하늘이 시 속에서 시인과 일심동체가 된다. 결국, '한통속이 된 시인과 사물의 진술이 바로 시詩'라는 정의 하나를 이 시집을 통해 발견할 수 있었다.

이렇게, 필자의 허접한 시론들을 해설로 엥기려 보았지만 사실 마지막으로 솔직히 써드리고 싶은 말씀은, "최원칠 시인의 두 번째 시집 『팔삭 블루스』 출판을 진심으로 축하합니다."이다.

팔삭 블루스

2025년 9월 20일 초판 1쇄 발행

지은이 최원철
펴낸이 김영훈
편집인 김지희
디자인 김영훈
편집부 이은아, 부건영
펴낸곳 한그루
　　　　출판등록 제651-2008-000003호
　　　　제주특별자치도 제주시 복지로1길 21
　　　　전화 064 723 7580　전송 064 753 7580
　　　　전자우편 onetreebook@daum.net　누리방 onetreebook.com

ISBN 979-11-6867-238-3 (03810)

ⓒ 최원철, 2025

저작권법에 따라 보호를 받는 저작물입니다.
어떤 형태로든 저자 허락과 출판사 동의 없이 무단 전재와 복제를 금합니다.
잘못된 책은 구입하신 곳에서 교환해 드립니다.

이 책은 제주특별자치도와 제주문화예술재단의
2025년 제주문화예술재단 지원사업 후원을 받아 발간되었습니다.

값 10,000원